BIOGRAPHIES

DE JEAN DE LÈVEZOU DE VESINS,

GOUVERNEUR DU QUERCY

ET DE SON FRÈRE

ANTOINE DE LÈVEZOU DE VESINS

CAPITAINE-GÉNÉRAL DES XIII MILLE HOMMES DE GUERRE
ET DE PIED DE L'ARRIÈRE BAN DU LANGUEDOC

DÉDIÉES

A M. LE VICOMTE DE VESINS, PRÉFET DU TARN

Par M. B. REY

De plusieurs Sociétés savantes de France et de l'Etranger
Sous-Bibliothécaire de la ville de Montauban.

MONTAUBAN

VICTOR BERTUOT, IMPRIMEUR-ÉDITEUR

PLACE IMPÉRIALE, 9

La France est un pays d'échos. Dès qu'un homme supérieur s'y manifeste, les cent voix de la Renommée exaltent son nom, ses talents, et on le voit hisser son pavillon au milieu des enthousiastes acclamations populaires. Héros du jour, il a un culte particulier; après sa mort, il reçoit une magnifique apothéose. Des statues et des colonnes superbes s'élèvent, en son honneur, au sein des places publiques; et sa mémoire, ainsi glorifiée, témoigne hautement de l'ascendant irrésistible du génie et de la vertu sur le cœur de l'homme.

Alors un modeste devoir s'impose au biographe. Il recueille les traits d'une si belle vie, et vient la raconter avec toute la simplicité de son rôle. Telle est aujourd'hui mon humble tâche!!!

BIOGRAPHIE

DE

JEAN DE LÈVEZOU DE VESINS
GOUVERNEUR DU QUERCY

Jean de Lévezou de Vesins, chevalier de l'Ordre du Roi, Baron de Séneuil et châtelain de Rhodier-de-Combiac, Seigneur de Luganac, de Bussac en Agenois, de Vogaret, de Charry, de Quéranciéres, grand Baillif d'Épée, Sénéchal et Gouverneur du Quercy, Lieutenant pour le Roi dans la Guyenne, Agenois et Bazadois, Gouverneur des villes et château royal de Cahors, gentilhomme de la chambre du roi et de celle de Henri III, roi de Pologne, naquit, le 15 janvier 1525, au domaine de ses aïeux dans le Rouergue. C'est là qu'il fut élevé par un de ses oncles qui avait pour lui l'affection la plus tendre, et dont les connaissances et la loyauté égalaient le dévouement à la patrie. Son éducation fut essentiellement militaire et religieuse. Il apprit, dès ses premières années, non qu'il y a une gloire et une renommée, mais un Dieu et une justice.

Le jeune enfant, formé à une telle école, ne tarda pas à réjouir ses parents par la fermeté de son caractère, l'élévation de ses sentiments et la droiture de son esprit. Tous ceux qui venaient les visiter, étaient charmés des qualités solides et brillantes dont le ciel avait orné son cœur.

Vesins a déjà grandi. Il a paru dans nos armées et à la cour, et partout il a su se concilier l'estime et l'admiration générales par son courage et ses talents militaires. Un sujet si distingué devait recevoir bientôt la récompense qu'il méritait. En effet, il fut nommé par Charles IX, gouverneur du Quercy et établit sa résidence à Cahors, qui en était la capitale.

On s'abuserait étrangement, si l'on s'imaginait que Vesins allait se livrer à une vie frivole et dissipée, et jouir des douceurs d'une heureuse oisiveté au milieu de fêtes splendides. Il était si pénétré de l'importance de ses devoirs, qu'il les remplissait avec la plus rigoureuse exactitude. Il fit régner l'économie dans sa maison, l'ordre dans les finances et dans toutes les branches de l'administration de son ressort, la discipline parmi les troupes de son commandement et s'appliqua autant à relever, par ses libéralités, le culte de la religion, qu'à soulager, par l'abondance de ses aumônes, les pauvres dont il se considérait comme le père. Son nom était aussi universellement béni des populations, placées sous son autorité, que redouté des ennemis du royaume et de la sécurité publique.

Les choses étaient en cet état, lorsque Henri, roi de Navarre, connu, plus tard, sous le nom de Henri IV, arriva à Montauban (5 mai 1580.) Sentant la nécessité de frapper un grand coup, *et voulant relever le courage de son parti abattu par plusieurs échecs consécutifs* (1), il résolut de s'emparer de la ville de Cahors pour imposer ainsi au pays et le soumettre à la puissance de ses armes. Dans ce but, en homme politique, prudent et habile, il envoya des agents secrets de côté et d'autre pour savoir quelle conduite il devait tenir relativement au Commandant de la place. Le résultat de leurs informations fut de constater qu'il était un homme d'honneur, incorruptible, *un gouverneur des plus braves* (2), et qu'il était fermement décidé à mourir avec gloire, plutôt que de

---

(1) *Statistique du département du Lot*, par Delpon, bibliothèque communale de Montauban, Tome I, page 319, in-8°, n° 51,

(2) *Mémoires de Sully*, Tome I, chapitre xi, page 24, bibliothèque communale, in-folio, n° 85.

vivre dans l'opprobre en se déshonorant par une lâcheté.

Le prince, ainsi renseigné, persista, néanmoins de plus en plus, dans son projet, et pour réussir, il fit l'essai d'un pétard de nouvelle invention. Armé de ce terrible engin de guerre, plein d'espoir et d'avenir, il partit avec son armée, marcha toute la nuit, parut le lendemain de bonne heure devant Cahors, et prit ses mesures pour l'attaquer immédiatement.

Le gouverneur, de son côté, s'agite, impatient de commencer la lutte. Il vient reconnaître lui-même la position des ennemis. Au moment où il s'y attend le moins, de formidables détonations se font entendre à trois portes de la ville, lesquelles demi-ouvertes, demi-renversées présentent aux assaillants un libre passage. Alors Vesins, suivi de quarante gentilshommes et de 3,000 arquebusiers, se jette avec furie sur les troupes royales qui opposent, d'abord, la plus opiniâtre résistance, mais qui, après quelques heures de combat, finissent par plier. Quoique grièvement atteint d'un coup de pique, l'intrépide chef continue à se signaler aux premiers rangs; quand, enfin, perdant tout son sang, il est emporté, mourant, dans son palais.

Les soldats, ayant appris cette triste nouvelle, redoublent d'ardeur et achèvent de mettre l'armée ennemie en pleine déroute : *tellement que tous les plus sages et considératifs serviteurs du Roy de Navarre luy conseilloient à tous momens de rassembler le plus de ses gens qu'il lui seroit possible, monter à cheval, abandonner la ville et se retirer* (1).

Le prince reçoit alors des renforts, et le courage revient aux siens. Le combat s'engage de nouveau avec le plus grand acharnement et dure pendant cinq nuits et cinq jours consécutifs. On se bat à la fois sur plusieurs points de la ville avec des chances diverses. *De toute part s'élèvent des barricades qui sont attaquées et défendues avec une égale valeur. Le Roi de Navarre est plusieurs fois exposé à perdre la vie* (2). Enfin, il triomphe, Cahors tombe en son pouvoir; et nous sommes parfaitement d'accord *non-seulement avec les soldats, mais encore avec les chefs de l'expédition* (protestante) *que la ville n'eust pas été prise, si Vesins n'avoist pas été tué* (3).

---

(1) *Mémoires de Sully*. Tome I, chapitre XI, page 24, bibliothèque communale, in-folio, n° 85.
(2) *Statistique du département du Lot*, par Delpon. Tome I, page 319, in-8°, n° 51.
(3) Mézerai, *Histoire de France*, bibliothèque communale, in 8°, n° 44.

La défense si héroïque des habitants de Cahors attira sur eux d'insignes malheurs.

Irrités par l'opiniâtre résistance qu'ils viennent d'éprouver, les soldats de Henri, n'écoutant plus la voix de leurs chefs, font un terrible carnage sans distinction d'âge ni de sexe et saccagent la ville pendant plusieurs jours (1).

Jamais en aucun autre siége que fit, dans la suite, le Roi de Navarre, il ne courut autant de dangers. *Il montra ses pieds à plusieurs, tous fendus et sanglans en quelques endroits* (2). Il s'entretenait, quelquefois avec ses amis, de ces mémorables journées, et quand il parlait du gouverneur, il ne manquait jamais de dire : *le brave Vesins* (4).

Vesins mourut, à Cahors, le 8 mai 1580.

Qu'on veuille bien me pardonner, si, cédant à l'admiration que m'inspire la renommée d'un des frères du Sénéchal, je consacre ici quelques lignes biographiques à sa mémoire :

(1) *Statistique du département du Lot*, etc., etc.
(2) *Histoire d'Aubigné*, livre IV, chapitre VIII, page 354, bibliothèque communale, n° 42.
(3) *Idem.*

BIOGRAPHIE
D'ANTOINE DE LÈVEZOU DE VESINS

CAPITAINE-GÉNÉRAL DES XIII MILLE HOMMES DE GUERRE
ET DE PIED DE L'ARRIÈRE-BAN DU LANGUEDOC

Antoine de Lèvezou de Vesins, chevalier de l'Ordre du Roi, Seigneur et Baron de Vesins, de Castelmus-de-Lèvezou en Rouergue, d'Enguerravaques au diocèse de Lavaur, châtelain de Compregnac, de Morlas, de Chaunac en Albigeois, de Saint-Martel en Codomois et de Ségur en Quercy, grand Baillif d'Epée, gouverneur et commandant pour les Rois Henri II et François II, Charles IX et Henri III, dans leurs provinces et pays de Rouergue, de Quercy, d'Albigeois et des Cévennes, gentilhomme de la chambre de Leurs Majestés, capitaine-général des XIII mille hommes de guerre et de pied de l'arrière-ban Languedocien, etc., naquit au château de Vesins, en 1522, et se montra aussi admirable par l'héroïsme de sa foi, que par la magnanimité de son caractère essentiellement chevaleresque. La beauté des principes religieux qui avaient présidé à son éducation, se réflétait en lui comme dans un miroir fidèle. Frappé des traits de sa grandeur d'âme et de sa haute piété, l'amiral de Coligny ne l'appelait que *le Lion catholique* (1), et le chancelier de L'Hospital disait souvent : *C'est un homme à moytié de pur or et de fer ardent* (2). Ce fut dans la capitale, à l'occasion de la Saint-Barthélemy, qu'il donna une preuve éclatante de sa *Générosité merveilleuse* (3) au Baron de Reyniès, protestant et son ennemi juré. Ecoutons le judicieux Mézeray raconter le fait suivant avec toute la simplicité de son temps, la familiarité de son style et sa gravité naïve :

« J'avois presque obmiz d'écrire une des plus
« généreuses actions quy se soit jamais faites, et
« qu'on ne sauroit recommander à la postérité
« avec assez d'honneur et de louanges. Il y avoit
« deux gentilshommes de Quercy, Vesins, catho-
« lique et Lieutenant du Roy dans cette province,
« et Reigniers, huguenot et Lieutenant pour les
« Princes au même endroit : tous deux fort vail-

---

(1) Samuel Guichenon, *Histoire de Bresse et de Bugey.*
(2) *Idem.*
(3) *Idem.*

« lants, mais le premier, homme rude et furieulx ;
« le second, plus doulx et plus traitable ; lesquels
« ayant faict leur querelle particullière de la que-
« relle généralle, et s'estant mortellement of-
« fensez, ne cherchoyent qu'une occasion pour
« se couper la gorge. Durant la plus grande ar-
« deur du tumulte, comme on enfonçait les portes
« de chez Reigniers (son logis, à Paris, était l'an-
« cien hôtel de la Trémoille, rue des Bour-
« bonnois. Voyez *Mémorial général*, du comte de
« Caylus), et comme il se préparait à recevoir le
« coup de la mort, arrive Vesins, que le Roy
« Charles envoyoit faire son office en Quercy. Il
« entre dans la chambre où estoit Reigniers,
« avecque deux aultres hommes, ayant touts les
« trois la rondasche et l'espée à la main, les
« yeux étincellants de colesre et le visage tout
« rouge. Reigniers, encore plus effrayé de voir
« devant luy son plus cruel et capital ennemy, se
« prosterne par terre, implosrant seullement la
« Miséricorde divine... Mais l'aultre luy com-
« mande d'une voix tonnante qu'il ait à se lever
« pour le suivre : Reigniers obéit, sans pouvoir
« se dire à quel genre de mort il le destinoit.
« Comme ils arrivoient dans la rue, Vesins le
« faict monter sur un beau cheval qu'un de ses
« gents tenoist en main, et sortant de la ville

« par la porte Sainct-Michel, suivy de quinze aul-
« tres, il l'emmène à petites journées à plus de
« cent lieues de Paris, jusqu'à un billot qui estoist
« à la porte de Reigniers. » (Un poteau d'armes
« en dehors du pont-levis du château de Reyniès
« en Montalbannais. Le comte de Caylus ajoute
« qu'on avoit conservé soigneusement ce poteau
« seigneurial, et qu'il existoit encore du vivant
« de son grand-père.) Durant tout le chemin, il
« ne luy avoist pas dict une seulle parolle; mais
« s'arrestant à cet endrocit, il parla ainsy : Rei-
« gniers, mon honneur et la bonne opinion que
« j'ai de ton courage m'ont empesché de te laisser
« oster la vie; je ne suis pas homme à me venger
« sy laschement, ni ne veulx point donner subject
« de penser que la crainte que j'auroys eue de toy
« m'auroyt porté à te faire assassiner. Maintenant
« que tu es en liberté, tu peux te ressentir, et me
« voilà prest à te satisfaire.... A celà, Reigniers
« repartit: Je n'en ay plus la vollonté ni la force !
« vostre générosité, quy ma gagné le cœur, m'en a
« osté le courage. A quoy pourrois-je employer
« la vie que vous m'avez donnée, si non qu'à me
« revancher d'une sy haulte et doulce obligation?
« Assurez-vous, Monsieur, que comme elle a esté
« à vostre discrétion pleine et dans vos nobles
« mains huit jours durant, elle sera toujours à

« vostre service. Vous m'avez ammené jusqu'icy,
« mais je suis prest à vous suivre partout où il vous
« plaira me commander... Disant cecy la larme
« à l'œil, il s'approcha de Vesins pour l'embrasser;
« mais se recullant sans adoulcir son visage, Ve-
« sins lui dict du même ton: Il m'est indifférent que
« tu soys encore mon ennemy ou que tu deviennes
« mon ami; tu vas décider à loysir lequel tu voudras
« estre; et sans lui donner le temps de répliquer, il
« piqua des deux et le laissa là, ravy d'étonnement
« et de joye. Reigniers lui renvoya aussitôt son
« beau cheval avec un grand compliment, mais il ne
« voullut pas le reprendre. (*Histoire de France* de
Mézeray, 1re édit. de Paris, vol. III, et page
466 du vol. IV de l'édition de Rouen, revue,
corrigée et augmentée sur les manuscrits origi-
naux, etc.). Par ce seul trait, un tel personnage
ne brillerait-il pas parmi les *hommes illustres
de Plutarque !*

Quelques personnes paraîtront peut-être éton-
nées, de trouver, au nombre des célébrités de Tarn-
et-Garonne, celles de deux frères, gloire de l'Avey-
ron. Qu'il me soit permis de leur rappeler que le
Quercy et le Rouergue formaient, avant 89, une
Généralité dont Montauban était la capitale. Sous
ce rapport, je peux donc, à juste titre, revendiquer
comme des hommes illustres de cette Généra-

lité, le valeureux gouverneur Quercinois et le chevaleresque libérateur du Baron de Reyniés, notre compatriote (1).

B. REY,

*De plusieurs sociétés savantes de France et de l'Etranger,
sous-bibliothécaire de la ville de Montauban.*

(1) Ces deux biographies sont comprises au nombre de celles qui composent le second volume de ma *Galerie biographique des Personnages célèbres de Tarn-et-Garonne*, que je viens de terminer, et que je livrerai bientôt au public.

MONTAUBAN. — Imprimerie de Victor Bertuot, place Impériale, 9.

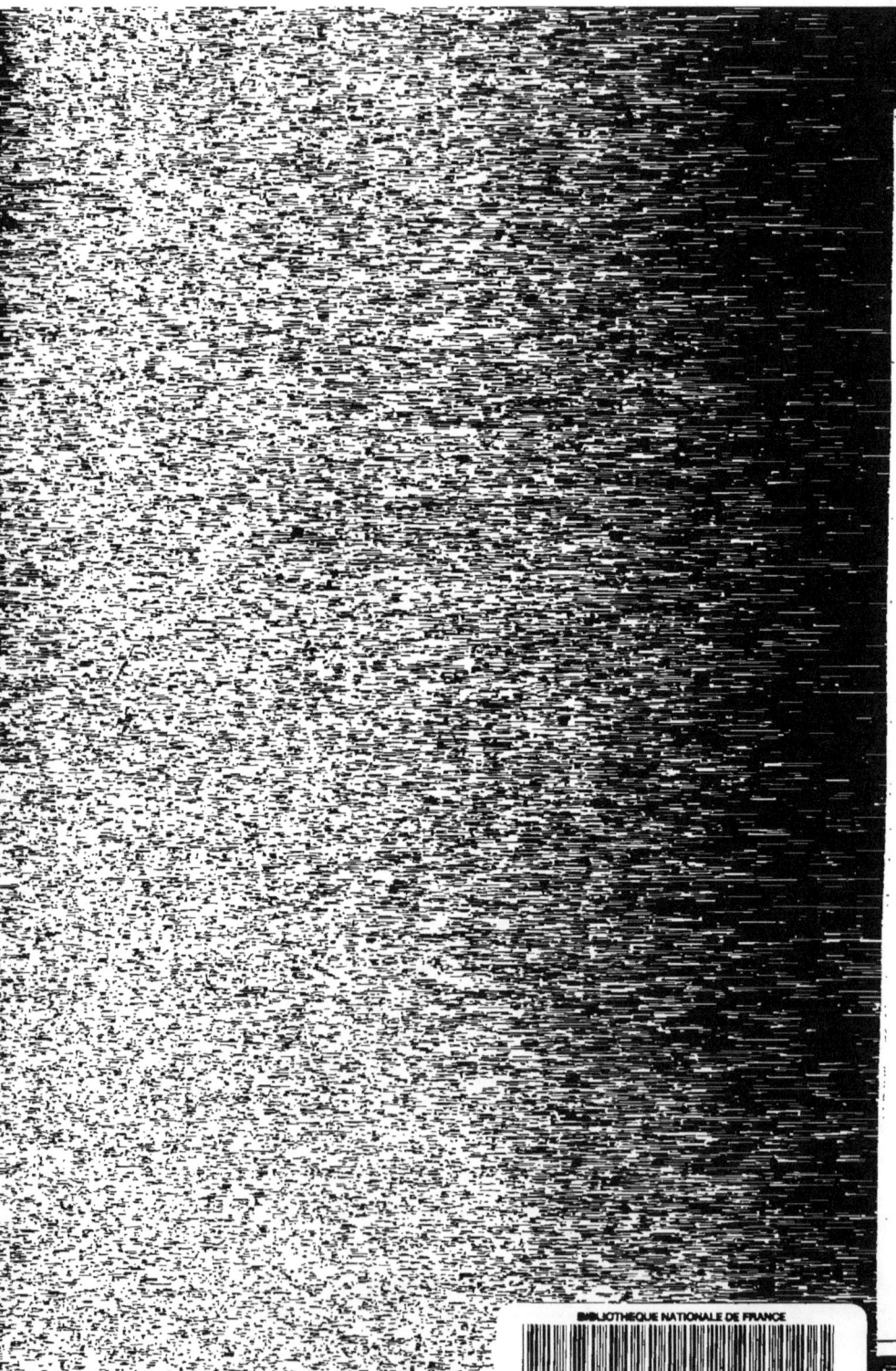

www.ingramcontent.com/pod-product-compliance
Lightning Source LLC
Chambersburg PA
CBHW070531050426
42451CB00013B/2954